(N° 109)

VENTE DU SAMEDI 26 DÉCEMBRE 1891

HOTEL DROUOT, SALLE N° 4

EAUX-FORTES

MODERNES

LA PLUPART

EN ÉPREUVES D'ARTISTE

Mᵉ MAURICE DELESTRE
COMMISSAIRE-PRISEUR,
27, rue Drouot, 27

M. DUPONT AÎNÉ
MARCHAND D'ESTAMPES
21, rue de Seine, 21

IMPRIMERIE D. DUMOULIN ET Cie

Rue des Grands-Augustins, 5, à Paris.

CATALOGUE

D'UNE JOLIE COLLECTION

D'EAUX-FORTES

MODERNES

PAR ET D'APRÈS

BOILVIN — BRACQUEMOND — BUHOT — CHAMPOLLION — CHAUVEL
COURTRY — G. DORÉ — L. FLAMENG
F. GAILLARD — GAUJEAN — L. GAUTIER — JACQUEMART — MAX. LALANNE
LALAUZE — LEPIC — LEYS — MEISSONIER
MILLET — MÉRYON — MONGIN — PIGUET — RAJON — ROPS
TISSOT — WALTNER, ETC.

LA PLUPART

EN ÉPREUVES D'ARTISTE

LIVRES ET CATALOGUES ILLUSTRÉS

DONT LA VENTE AUX ENCHÈRES PUBLIQUES AURA LIEU

HOTEL DES COMMISSAIRES-PRISEURS, RUE DROUOT, 9

SALLE N° 4

Le Samedi 26 Décembre 1891, à une heure et demie.

Par le ministère de **Me MAURICE DELESTRE**, commissaire-priseur,
Rue Drouot, 27

Assisté de **M. DUPONT** aîné, marchand d'estampes
Rue de Seine, 21.

PARIS — 1891

CONDITIONS DE LA VENTE

La vente sera faite au comptant.

Les acquéreurs payeront *cinq pour cent* en sus des enchères, applicables aux frais.

M. Dupont, chargé de la direction de la vente, se réserve la faculté de rassembler ou de diviser les lots.

L'ordre numérique du catalogue sera suivi.

DÉSIGNATION

EAUX-FORTES

ABBEMA et CATTELAIN

1 — Portraits de C. Duran, — Guérard, — Charbonnel, etc.

Quatre pièces, épreuves d'artiste.

APPIAN

2 — Marines. — Paysages.

Huit pièces, épreuves d'artiste sur japon.

BAUDE

3 — Collection de quarante bois, d'après les peintres modernes.

Très belles épreuves, tirage à part.

BELLAY

4 — Fragment de la Dispute du Saint Sacrement, d'après Raphaël. — La Prudence, — la Force et la Modération, etc.

Trois pièces, belles épreuves.

BERTINOT et HUOT

5 — Pénélope, — Phryné, d'après Marchal.

Deux pièces, épreuves d'artiste.

BERTINOT, DUBOUCHET, etc.

6 — Portraits de Achille Martinet, — Lié Louis Périn, — de Lacaze-Duthiers.

Trois pièces, belles épreuves dont deux avec dédicace.

BOILVIN (E.)

7 — Marie-Antoinette et ses enfants, d'après Roslin. — La fuite à dessein, d'après Fragonard.

Deux pièces, épreuves d'artiste.

8 — Le Bivouac. — Scène de Rabelais.

Deux pièces, épreuves d'artiste.

9 — Agacerie.

Epreuve d'artiste.

BOILVIN, DIDIER, ETC.

10 — L'heureuse mère. — La Vierge à l'églantine. — La Vierge au rosier, etc.

Quatre pièces, épreuves avant la lettre sur japon.

BRACQUEMOND

11 — Portrait de Ch. Méryon.

Epreuve d'artiste sur japon.

12 — Les taupes.

Epreuve avant lettre sur japon.

13 — Ils s'en allaient dodelinant.

Epreuve avant lettre sur japon.

14 — Perdrix. — Sarcelles.

Deux pièces, épreuves avant lettre sur japon.

15 — Le haut d'un battant de porte.

Epreuve avant lettre sur japon.

16 — La mort de Matamore. — Fernand.

Deux pièces, épreuves avant lettre sur japon.

17 — Saint Basile, d'après Herréra.

Epreuve d'artiste sur papier ancien.

18 — Promenade vénitienne, d'après Bonington.

Epreuve d'artiste sur papier ancien.

BRACQUEMOND

19 — Joas, d'après Fragonard.

Epreuve d'artiste. Rare.

20 — Galilée. — Champfleury. — Titre pour les Tréteaux de
C. Monselet.

Trois pièces, épreuves d'artiste.

21 — Th. Gautier; portrait dans un soubassement. — Portrait
d'après Nadar.

Deux pièces, belles épreuves dont une d'artiste.

22 — Chevaux à l'abreuvoir, d'après Corot.

Epreuve d'artiste.

23 — Paysage, d'après Hobbema.

Epreuve d'artiste du 1er état sur papier ancien.

24 — Frontispice des ballades joyeuses.

Epreuve d'artiste sur papier ancien.

25 — Vanneaux et Sarcelles. — Le Corbeau. — Les Cigo-
gnes.

Trois pièces, belles épreuves.

26 — L'Inconnu.

Très belle épreuve sur chine.

27 — Cheval arabe au poteau, d'après Delacroix.

Epreuve d'artiste. Rare.

28 — Le vieux coq.

Epreuve d'artiste, sur chine. Signée.

29 — Un camp en Algérie.

Epreuve d'artiste, sur papier ancien.

30 — Vanneaux et sarcelles. — La Récolte des pommes de
terre, d'après Jules Breton. — Attelage de bœufs, d'après
Dubuisson.

Trois pièces, belles épreuves.

BRACQUEMOND

31 — Panurge sortant de chez Raminagrobis.

Epreuve d'artiste.

BROWN (J. Lewis)

32 — En Reconnaissance. — Washington.

Deux pièces, épreuves d'artiste.

BRUNET-DEBAINES

33 — Le cottage, d'après Constable. — Marines, d'après Turner.

Trois pièces, épreuve d'artiste.

34 — La Sainte-Chapelle. — Vues de Londres.

Cinq pièces, épreuves d'artiste sur japon.

BUHOT (F.)

35 — Débarquement en Angleterre.

Epreuve d'artiste.

36 — Quai du Marché-Neuf.

Epreuve d'artiste sur japon.

37 — Souvenir de la Tamise à Gravesande.

Très belle épreuve avec annotation autographe de l'artiste.

38 — Les Petites chaumières.

Epreuve d'artiste.

39 — La Taverne du bagne.

Epreuve du 1er état. Signée.

40 — La même estampe.

Epreuve d'artiste, avec croquis dans les marges.

41 — La Falaise.

Epreuve d'artiste avec croquis dans les marges, sur papier ancien.

BUHOT (F.)

42 — La chapelle Saint-Michel.

Epreuve d'artiste sur papier ancien,

43 — Pauca¦paucis.

Epreuve d'artiste. Rare.

44 — Au fil de l'eau, d'après Jundt.

Epreuve d'artiste sur japon.

45 — Barham Court.

Epreuve d'artiste.

46 — Objets d'art. — Japonisme.

Six pièces, épreuves d'artiste.

47 — Westminster palace.

Epreuve d'artiste. Signée.

48 — Westminster bridge.

Epreuve d'artiste sur japon. Signée.

BURNEY

49 — Le pape Innocent X, d'après Vélasquez.

Epreuve d'artiste. Signée.

CALAMATTA

50 — La Joconde, d'après Léonard de Vinci.

Très belle épreuve.

CHAMPOLLION

51 — L'été. — Le printemps, d'après Abbéma.

Deux pièces, épreuves d'artiste sur japon.

CHAUVEL

52 — Après l'orage, d'après Diaz. — L'abreuvoir, d'après Troyon. — Chênes coupés, d'après J. Dupré.

Trois pièces, épreuves d'artiste.

CHAUVEL

53 — Paysages.

Quatre pièces, épreuves d'artiste sur japon.

CHAUVEL ET GUILLEMET

54 — Clair de lune. — Cornway Castle. — Poule protégeant ses poussins.

Trois pièces, épreuves avant la lettre sur japon.

COROT (d'après)

55 — L'arbre brisé. — Le lac de Garde. — La Saulaie. — Le batelier, par Bertaut.

Quatre pièces, épreuves d'artiste sur parchemin. Signées.

COURTRY

56 — La femme adultère. — Le juge ou la cruche cassée. — La nourrice.

Trois pièces, épreuves avant la lettre sur japon.

57 — Toilette du grand-père, d'après L. Leloir. — Saint-Pierre de Caen, d'après Bonington.

Deux pièces, épreuves d'artiste.

58 — Entrez, Monseigneur, d'après Aranda.

Epreuve d'artiste sur japon. Signée.

59 — Dernier jour d'un condamné, d'après Munkacsy. — Le maréchal-ferrant, d'après Worms.

Deux pièces, épreuves d'artiste.

60 — La Mare.

Epreuve d'artiste, avec remarque, sur japon. Signée.

61 — Intérieur d'atelier d'après Munkacsy. — Intérieur, d'après Pils. — Paysages d'après Troyon et Van Marke.

Cinq pièces, épreuves d'artiste.

COURTRY

62 — Salomé, d'après Regnault. — Mme de Pompadour, d'après Boucher.

Deux pièces, épreuves d'artiste.

63 — Les bulles de savon, d'après Chaplin. — Mme Feydeau, d'après Carolus Duran.

Deux pièces, épreuves d'artiste.

64 — L'Infante Marguerite. — André del Sarte; trois états différents.

Quatre pièces, épreuves d'artiste.

65 — Entre deux feux, d'après Ximenez.

Epreuve d'artiste, avec remarque, sur japon. Signée.

CUCINOTTA

66 — Le péage, d'après Rudaux.

Epreuve d'artiste sur japon.

DAKE (C.)

67 — Portrait de Beethoven.

Très belle épreuve.

DEBLOIS

68 — Le concert, d'après Terburg.

Epreuve d'artiste.

DETAILLE

69 — Uhlan en reconnaissance.

Epreuve d'artiste.

DIDIER

70 — Pastorella, d'après Hébert.

Epreuve d'artiste.

DORÉ (G.)

71 — Gravures pour illustrer les œuvres de Tennyson.

Quinze pièces, épreuves d'artiste sur chine.

DORÉ (G.)

72 — Gravures pour illustrer les œuvres de Tennyson.

Vingt-huit pièces, épreuves d'artiste sur chine, avec les signatures autographes de Doré et de Tennyson.

EGUSQUIZA

73 — Portrait de Richard Wagner.

Très belle épreuve.

FLAMENG (L.)

74 — Jésus guérissant les malades, d'après Rembrandt.

Epreuve d'artiste.

75 — La ronde de nuit, d'après Rembrandt.

Epreuve d'artiste.

76 — Mme Pasca, d'après Bonnat. — Rembrandt.

Deux pièces, épreuves d'artiste.

77 — Angélique, d'après Ingres.

Epreuve d'artiste.

78 — Jeune fille, d'après Greuze. — Portrait de Overbeck. — Frontispice des Tyrtéennes. — Danaé.

Quatre pièces avant la lettre.

79 — Sauvée.

Epreuve d'artiste.

GAILLARD (F.)

80 — Son portrait, par de Mare.

Epreuve d'artiste. Signée.

81 — Mgr Billard.

Très belle épreuve d'état sur japon.

82 — Horace Vernet, d'après Paul Delaroche.

Très belle épreuve.

GAILLARD (F.)

83 — Mgr le comte de Chambord.

Très belle épreuve sur chine.

84 — La tête de cire, d'après Raphaël (Musée de Lille).
Épreuve d'artiste.

85 — L'homme à l'œillet, d'après Van Eyck.
Très belle épreuve sur chine, avant le cuivre coupé.

86 — Saint Georges.
Épreuve d'artiste sur chine. Signée.

87 — Sœur Rosalie.
Épreuve d'artiste, avec remarque, sur chine.

GAUCHEREL ET GILBERT

88 — Tombeau de Guillaume le Taciturne, à Delft. — Étal de
poissonnier à La Haye. — G. Coques. — La halte.
Quatre pièces, épreuves d'artiste, sur japon.

GAUJEAN

89 — Bohémiens devant Louis XI. — Étienne Gardener,
d'après Holbein. — La tasse de lait, d'après Renouard.
Trois pièces, épreuves d'artiste.

90 — Tête de jeune fille, d'après Greuze; eau-forte en
couleur.
Épreuve d'artiste, sur japon. Signée.

91 — Jeune fille à l'oiseau, d'après Escudier; eau-forte en
couleur.

Épreuve d'artiste.

92 — Les baigneuses, d'après Fragonard; eau-forte en couleur.
Épreuve d'artiste, sur japon. Signée.

GAUJEAN

93 — Les baigneuses, d'après Fragonard ; eau-forte en couleur

> Epreuve d'artiste, avec remarque, sur japon. Signée.

94 — La Vierge, saint Georges et saint Donatien, d'après Van Eyck.

> Epreuve d'artiste, sur japon. Signée.

95 — La Fortune et le jeune enfant, d'après Baudry. — L'enfant aux cerises, d'après Russell.

> Deux pièces, épreuves d'artiste, avec remarque, sur japon.

GAUTIER (L.)

96 — Vues de Marseille : Quai du vieux port. — Quai de Rive-Neuve.

> Deux pièces, épreuves d'artiste, avec remarque. Signées.

97 — Palais de Longchamps. — Les Catalans.

> Deux pièces, épreuves d'artiste, avec remarque. Signées.

98 — L'Hôtel de Ville. — La Cathédrale.

> Deux pièces, épreuves d'artiste, avec remarque. Signées.

99 — Un coin du vieux port. — Arles, les Aliscamps.

> Deux pièces, épreuves d'artiste, avec remarque. Signées.

100 — Entrée du vieux port. — L'Hôtel de Ville.

> Deux pièces, épreuves d'artiste, avec remarque. Signées.

101 — Vues de Paris : rue Saint-Julien-le-Pauvre. — Place Maubert.

> Deux pièces, épreuves d'artiste avec remarque sur japon. Signées.

102 — La place du Châtelet. — La rue du Haut-Pavé (2e planche.)

> Deux pièces, épreuves d'artiste et remarque. Signées.

103 — La débâcle. — Le pont des Saints-Pères.

> Deux pièces, épreuves d'artiste sur japon. Signées.

GAUTIER (L.)

104 — Notre-Dame. — L'écluse de la Monnaie.
Deux pièces, épreuves d'artiste sur japon. Signées.

105 — Le quai Jemmapes. — La rue du Haut-Pavé.
Deux pièces, épreuves d'artiste avec remarque. Signées.

106 — Le château Saint-Ange, à Rome.
Epreuve d'artiste, signée.

107 — Le Forum.
Epreuve d'artiste, signée.

108 — Bords de la Marne, d'après Daubigny.
Deux pièces, épreuve d'artiste sur japon. Signées.

GAZETTE DES BEAUX-ARTS

109 — Sujets religieux, d'après les maîtres anciens, par Flameng, Gaucherel, Jacquet, François, etc.
Douze pièces, belles épreuves, dont cinq avant la lettre.

110 — Sujets divers d'après Bonnat, Delacroix, Stevens, etc., par Flameng.
Neuf pièces, belles épreuves.

111 — Portraits d'après Rembrandt, Raphaël, Frans Hals, par Flameng, Didier, etc.
Six pièces, belles épreuves.

112 — Sujets divers, fac-similés de dessins, etc.
Dix pièces, belles épreuves.

GREUX (G.)

113 — L'école, d'après Van Ostade. — Le Massacre de Scio, d'après Delacroix.
Deux pièces, épreuves d'artiste.

114 — Le déjeuner, d'après Fortuny. — La fin d'une chanson, d'après de Beaumont.
Deux pièces, épreuves d'artiste.

GREUX (G.)

115 — Château de Kilgaren. — Nature morte. — Fleurs et fruits. — Mme la comtesse de Barck. — Marines, etc.

Neuf pièces, épreuves d'artiste sur japon.

GUILLAUMOT

116 — Costumes du Directoire, avec le portrait de V. Sardou en deux états.

Suite complète de vingt-deux pièces.

HENRIQUEL-DUPONT et MERCURY

117 — Jane Gray. — Lord Strafford, d'après Paul Delaroche.

Deux pièces, très. belles épreuves.

HENRIQUEL-DUPONT, DE MARE, ETC.

118 — Henri de Bourbon. — Le connétable de Montmorency. — Henri III. — Jean d'Albret, etc.

Cinq pièces, belles épreuves.

JACQUE (CH.)

119 — Sujets rustiques.

Douze pièces, belles épreuves sur chine.

JACQUEMART (J.)

120 — L'Infante Isabelle. — Élisabeth de Valois.

Deux pièces, épreuves d'artiste sur japon.

121 — Le Concert. — Le Bourgmestre de Leyde et sa femme. — Auberge. — Chasse à courre.

Quatre pièces, épreuves d'artiste sur japon.

122 — La belle-fille de Goya. — Le premier baiser. — La Musique.

Trois pièces, épreuves d'artiste sur japon.

123 — Tasse et soucoupes. — Vase de Vincennes. — Portrait de Rembrandt. — Cassolette.

Quatre pièces, épreuves d'artiste.

JACQUEMART (J.)

124 — L'écureuil et la mouche. — Portrait de Rembrandt.

Deux pièces, belles épreuves.

125 — Tasses et vases.

Epreuve d'artiste. Rare.

JACQUET, THÉVENIN, ETC.

126 — Sujets divers d'après Raphaël, Baudry, etc.

Quatre pièces, dont trois épreuves d'artiste.

LALANNE (MAX.)

127 — Port de Trouville. — Vue de Bordeaux.

Deux pièces, épreuves d'artiste. Signées.

128 — Vue prise du Trocadéro. — Vue prise du pont de la Concorde.

Deux pièces, épreuves d'artiste.

129 — Les mêmes estampes.

Deux pièces, belles épreuves.

130 — Aspect de la mare d'Auteuil.

Deux pièces, épreuves d'artiste sur japon. Signées.

131 — Souvenirs du siège de Paris.

Six pièces, épreuves d'artiste sur japon. Signées.

LALANNE, GAUCHEREL, ETC.

132 — Canal. — La Charrette. — Bords de la Meuse, etc.

Six pièces, épreuves d'artiste sur japon.

LALAUZE

133 — Avant l'attaque. — Souvenir de Longchamps, d'après Detaille.

Deux pièces, épreuves d'artiste.

LALAUZE

134 — Henri III à la procession, d'après E. Lami.

Epreuve d'artiste.

135 — Scène de théâtre (xviii⁰ siècle), d'après Cochin.

Epreuve d'artiste.

136 — Le guet-apens. — Croquis d'enfants. — La balançoire.

Quatre pièces, épreuves d'artiste.

137 — Le petit monde.

Suite de dix pièces avec le titre et la couverture ; épreuves d'artiste sur chine.

LANÇON

138 — Route d'Allemagne. — Route de Mouzon.

Deux pièces, épreuves d'artiste.

139 — Lion se désaltérant.

Epreuve d'artiste avec différents croquis dans les marges, sur japon. Signée.

LE COUTEUX

140 — Don Carlos. — L'archiduc Rodolphe.

Deux pièces, épreuves d'artiste sur japon.

LEGÉNISEL

141 — Alfred de Musset, en pied, d'après Eug. Lami.

Epreuve d'artiste.

LELOIR (Maurice)

142 — Le trompette de hussards.

Epreuve d'artiste sur japon.

LEPIC (Vicomte)

143 — Collection de dix-sept eaux-fortes, marines, vues, animaux, etc.

Epreuves d'artiste.

LE RAT

144 — Portrait de Molière, d'après **J**. Leman.

Epreuve d'artiste sur japon.

LEVASSEUR

145 — La Vierge et les saints, d'après **Fra Bartoloméo**.

Epreuve d'artiste, avec dédicace.

LEYS

146 — Les archers.

Très belle épreuve.

LHERMITTE

147 — La cathédrale de Rouen.

Très belle épreuve.

LHERMITTE ET SALMON

148 — La sortie. — Le retour, d'après Willems.

Deux pièces, épreuves d'artiste.

LOS RIOS

149 — La prière, d'après Pearce.

Epreuve d'artiste sur japon. Signée du peintre et du graveur.

150 — Le Printemps, d'après Lerolle.

Epreuve d'artiste avec remarque sur japon. Signée.

LYNCH (d'après)

151 — L'Abreuvoir, par Abot.

Epreuve d'artiste avec remarque, sur japon.

MANLEY

152 — Vue de Terre-Neuve. — La baie.

Deux pièces, très belles épreuves sur japon. Signées.

153 — Environs de Boston. — Village à San Francisco

Deux pièces, épreuves d'artiste, avec remarque, sur japon. Signées.

MANLEY ᴇᴛ MIELATZ

154 — Bords de rivière. — Crépuscule.

Trois pièces, épreuves d'artiste sur japon. Signées.

MARTIAL

155 — Baratteuse. — Fontainebleau. — Chemin près de Bath, etc.

Cinq pièces, épreuves d'artiste sur japon.

MASSARD (L.)

156 — Jeune veuve, d'après Greuze.

Epreuve d'artiste, avec remarque.

157 — Portrait de Victor Hugo, d'après Bonnat.

Epreuve d'artiste sur japon.

158 — Portraits pour illustrations : La comtesse d'Houdetot et autres, d'après Van Loo.

Huit pièces, épreuves d'artiste.

MASSON

159 — Retour des champs, d'après Pattein. — Les Cancalaises, d'après Feyen-Perrin.

Deux pièces, épreuves d'artiste sur japon.

160 — Rendez-vous de chasse. — Trompette de hussards d'Orléans. — Intérieur hollandais. — Vierge.

Quatre pièces, épreuves d'artiste sur japon.

MEISSONIER

161 — Le Sergent rapporteur.

Très belle épreuve du 1ᵉʳ état, sur papier ancien.

162 — Polichinelle.

Epreuve d'artiste.

MEISSONIER (d'après)

163 — Son portrait, par Regnault.

Epreuve d'artiste.

MEISSONIER (d'après)

164 — Tourne-bride, par Le Rat.
Epreuve d'artiste.

165 — Les Joueurs de boules à Antibes, par Lalauze.
Epreuve d'artiste.

166 — L'homme à la fenêtre, par Le Rat.
Epreuve d'artiste, sur chine.

167 — Défilé des populations lorraines, par **Jacquemart**.
Epreuve d'artiste.

168 — La chanson, par Vion.
Très belle épreuve sur parchemin, avec remarque. Signée.

169 — Joueur de guitare, par Gilbert.
Epreuve sur Japon, avec remarque. Signée.

170 — L'Audience. — Le Liseur, par Carey. — L'Arquebu-
sier, par Duvivier.
Trois pièces, belles épreuves, dont une non terminée.

MÉRYON (Ch.)

171 — L'arche du pont Notre-Dame.
Très belle épreuve du 1er état.

172 — Le petit pont.
Très belle épreuve, sur chine.

MILIUS

173 — Jeune femme, d'après Watteau.
Epreuve d'artiste sur Japon. Signée.

174 — Pepito, Toc et Dartagnan, d'après **J. Lambert**.
Epreuve d'artiste. Signée.

175 — Le triomphe de Marat, d'après Boilly. — Campement
arabe.
Deux pièces, épreuves d'artiste. Signées.

MILLET (d'après)

176 — Les Glaneuses, par Courtry.

Epreuve d'artiste sur japon.

177 — Les Glaneuses, par Bertaut. — La Tonte, par Chassinat.

Deux pièces, épreuves d'artiste sur parchemin. Signées.

178 — La porteuse d'eau. — La basse-cour, par Lesigne.

Deux pièces, épreuves d'artiste avec remarque, sur parchemin. Signées.

179 — L'Angelus, par Margelidon. — La Fileuse, par Lesigne.

Deux pièces, épreuves d'artiste, avec remarque, sur Japon.

MILLET et ROUSSEAU (d'après)

180 — Les meules, d'après Millet. — Coucher de soleil, d'après Rousseau. — Fontainebleau, d'après Diaz, par Bertaut.

Trois pièces, épreuves d'artiste sur parchemin.

MONGIN

181 — Portraits de Edmond About, Alphonse Daudet, etc.

Quatre pièces, épreuves d'artiste sur japon.

182 — Un schisme, d'après Vibert.

Epreuve d'artiste sur japon.

183 — Le Christ devant Pilate, d'après Munkacsy.

Epreuve d'artiste, avec remarque. Signée.

184 — Intérieur de ferme, d'après J. Dupré. — L'attente, d'après Stevens.

Deux pièces, épreuves d'artiste.

MONZIÈS

185 — Sarah Bernhardt, d'après Clairin.

Epreuve d'artiste.

NEUVILLE (A. DE)

186 — Dans la tranchée.

Epreuve d'artiste.

PIGUET

187 — Une Parisienne.

Epreuve d'artiste.

POINT

188 — Chameaux. — Ane. — Vues d'Algérie.

Trois pièces, épreuves d'artiste sur japon. Signées.

RAJON

189 — Le récit de la grand'mère.

Epreuve d'artiste, avec croquis dans les marges. Signée.

190 — La même estampe.

Epreuve d'artiste sur chine. Signée.

191 — La Femme au chapeau de paille, d'après Rubens.

Epreuve d'artiste sur japon.

192 — Le Premier-né, d'après Vibert.

Epreuve d'artiste.

193 — Rembrandt dans son atelier, d'après Gérôme.

Epreuve d'artiste sur chine.

194 — Mariage en Alsace, d'après Marchal.

Epreuve d'artiste.

195 — Rêverie, d'après Jacquet.

Epreuve d'artiste, avec remarque sur chine. Signée du peintre.

196 — Armurier turc.

Epreuve d'artiste sur japon. Signée.

197 — Sir G. Yonge, — Sous le Directoire, — Les deux cochers.

Trois pièces, épreuves d'artiste sur japon.

RAJON

198 — Portrait de Femme, d'après Reynolds.

Epreuve d'artiste sur japon.

199 — Jeune Femme, d'après Reynolds.

Epreuve d'artiste sur papier ancien verdâtre. Signée.

REGAMEY ET ALASONNIÈRE

200 — Legros, — J.-B. Millet.

Deux pièces, épreuves d'artiste.

REYNAUD

201 — Le Coup de main, d'après Renouf.

Deux pièces, épreuves d'artiste, dont une sur parchemin.

ROC-BHIAN (DE)

202 — Paysage, — Environs de Dordrecht.

Deux pièces, épreuves d'artiste sur japon.

ROE

203 — Suite complète de six eaux-fortes sur Londres et la Tamise.

Très belles épreuves.

ROPS (F.)

204 — Les Chansons de Collé, — Les Exercices de dévotion de M. Roques, — Les Cousines de la colonelle.

Trois pièces, très belles épreuves sur japon.

205 — Le Catéchisme des gens mariés, — Les Amusements des dames de Bruxelles, — La Messe de Gnide.

Trois pièces, très belles épreuves sur japon.

206 — Le Bibliophile, — Le Sphinx.

Deux pièces, belles épreuves sur japon.

RUET

207 — L'Atelier, d'après Maurice Leloir.

Epreuve d'artiste.

RUET

208 — Caïn, d'après Cormon.

Epreuve d'artiste, avec remarque et dédicace sur Japon.

SADOUX

209 — Château de Chantilly : vue de la Façade, — **Vue prise** des jardins.

Deux pièces, épreuves d'artiste sur japon.

SOMM (H.)

210 — Parisienne, — Bibelots Japonais.

Deux pièces, épreuves d'artiste sur parchemin et japon.

TISSOT

211 — La Querelle.

Epreuve d'artiste sur papier ancien. Signée.

212 — Joueur d'orgue.

Epreuve d'artiste sur papier ancien. Signée.

213 — Matinée de printemps.

Epreuve d'artiste sur japon. Signée.

214 — L'Été.

Epreuve d'artiste. Signée.

215 — La Convalescente.

Epreuve d'artiste, signée. Rare.

TRINQUIER ET REYNAUD

216 — Dans la prairie, d'après J. Dupré, — Les **Laveuses,** d'après Ridgway-Knight.

Deux pièces, épreuves d'artiste sur japon. Signées.

VIGNETTES

217 — *Abot.* Le Barbier de Séville de Beaumarchais, **suite** complète avec portrait, d'après Valton.

Epreuves d'artiste. Signées.

VIGNETTES

218 — *Champollion.* Faust, de Gœthe. Suite complète avec portrait, d'après J.-P. Laurens.

Epreuves d'artiste sur japon.

219 — *Gery-Bichard.* Contes de Voisenon. Suite complète.

Epreuves d'artiste sur chine.

220 — *Los Rios.* Jocelyn, de Lamartine. Suite complète avec portraits, d'après Besnard.

Epreuves d'artiste sur japon.

221 — *De Mare.* Molière. Suite complète, d'après Coypel.

Epreuves d'artiste sur japon.

222 — *Mongin.* Le Roi des montagnes, d'Edmond About. Suite complète avec portrait, d'après Delort.

Epreuves d'artiste sur japon.

WALKER

223 — Portrait de Mme Sarah Bernhardt.

Epreuve d'artiste, avec remarque, sur japon. Signée.

WALTNER

224 — Portrait du Dauphin, d'après Greuze.

Epreuve d'artiste sur chine.

225 — Portrait de la Dauphine, d'après Greuze.

Epreuve d'artiste sur chine.

226 — Le Vase de Chine, d'après Fortuny.

Epreuve d'artiste. Signée.

227 — La Bohémienne, d'après Ricard.

Epreuve d'artiste. Signée.

228 — La même estampe.

Epreuve d'artiste sur japon.

WALTNER

229 — La Lecture, d'après Fragonard.

Epreuve d'artiste, avec remarque, sur japon. Signée.

230 — Le Denier de la veuve, d'après Millais.

Epreuve d'artiste sur parchemin.

CATALOGUES ILLUSTRÉS

231 — Exposition de deux tableaux importants par Corot et
G. Courbet. Paris, 1876.

1 vol., br. Fig.

232 — Collection Camille Marcille. Paris, 1876. Eaux-fortes
de Buhot, Courtry, Boilvin, Gaucherel. — Collection
Saucède. Paris, 1879. Eaux-fortes de Buhot, Yon, etc.

2 vol., br. Fig.

233 — Collection de M. le baron de Beurnouvillle. Paris,
1881. Eaux-fortes de Courtry, Champollion, Gaujean, etc.

1 vol., br. Fig.

234 — Galerie de M. le marquis de la Rocheb... Paris, 1873.
Eaux-fortes de Courtry, Brunet-Debaisne, Rajon, etc.

1 vol., br. Fig.

235 — Palais San Donato. Eaux-fortes de Chauvel, Courtry,
Hédouin, Jacquemart, Waltner, etc. 1880. — Catalogue
d'objets d'art. 1870.

2 vol., br. Fig.

CATALOGUES ILLUSTRÉS

236 — Collection Mailand. Paris, 1881. Eaux-fortes de Boulard, Monziès, Ramus, etc. — Collection Lepel Cointet. Eaux-fortes de Champollion, Courtry, Milius, etc. — Vente de tableaux de maîtres anciens. Eaux-fortes de Champollion, Greux, etc.

3 vol., br. Fig.

237 — Collection A. Febvre. Paris, 1882. Eaux-fortes de Boulard, Champollion, Greux, etc.

1 vol., br. Fig.

238 — Collection Double. Paris, 1881. Eaux-fortes de J. Jacquemart.

1 vol., br. Fig.

239 — Galerie Schneider. Paris, 1876. Catalogue et eaux-fortes, hors texte, par Delauney, Gilbert, Greux, Toussaint, etc.

1 vol., br. Fig.

240 — Collection Aug. C.... Paris, 1886. Eaux-fortes de Courtry, Greux, Lefort, etc. — Collection Tencé. Paris, 1881.

2 vol., br. Fig.

241 — Catalogues divers. Galerie Delessert, de Morny, Van Marcke, etc.

7 vol., br.

LIVRES

242 — L'Autographe; Événements de 1870-1871; Année 1864.

1 vol., cart.

243 — Album de vingt eaux-fortes par Jacquemart; Gazette des Beaux-Arts, 1881.

1 vol., cart.

244 — Album de dessins de Langlois du Pont-de-l'Arche, gravés par J. Adeline, Ernest Lefèvre, Bracquemond. Texte par Alfred Dieusy. Rouen, typographie Henry Boissel. 1875.

1 vol. en feuilles.

245 — En campagne, par de Neuville; texte de J. Richard. Paris, Boussod, Valadon et Cᵉ. Ouvrage complet.

1 vol. en livraisons.

246 — Sous ce numéro seront vendus plusieurs lots d'eaux-fortes et gravures modernes.

Imprimerie D. Dumoulin et Cie, rue des Grands-Augustins, 5, à Paris.